以一当十

PPT微课开发实战

张吉辉 贾育凡 李 奇 等◎著

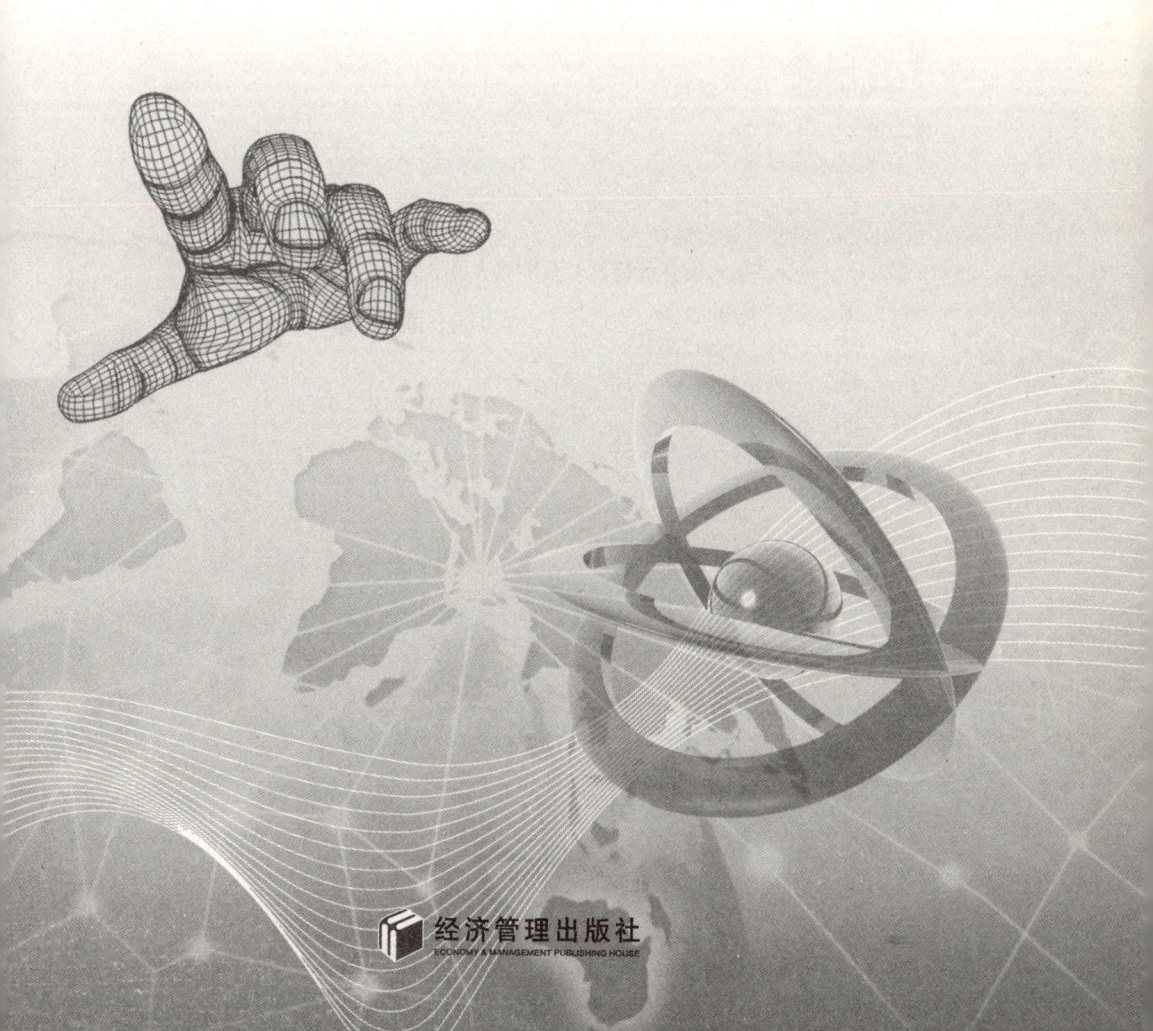

经济管理出版社

图书在版编目（CIP）数据

以一当十——PPT微课开发实战/张吉辉，贾育凡，李奇等著. —北京：经济管理出版社，2017.12
ISBN 978-7-5096-5407-1

Ⅰ.①以… Ⅱ.①张…②贾…③李… Ⅲ.①多媒体课件—图形软件—制作 Ⅳ.①G434

中国版本图书馆CIP数据核字（2017）第249066号

组稿编辑：张　艳
责任编辑：张　艳　张莉琼
责任印制：黄章平
责任校对：张晓燕

出版发行：经济管理出版社
（北京市海淀区北蜂窝8号中雅大厦A座11层　100038）
网　　址：www.E-mp.com.cn
电　　话：（010）51915602
印　　刷：三河市延风印装有限公司
经　　销：新华书店
开　　本：720mm×1000mm/16
印　　张：7
字　　数：78千字
版　　次：2018年2月第1版　2018年2月第1次印刷
书　　号：ISBN 978-7-5096-5407-1
定　　价：35.00元

·版权所有　翻印必究·
凡购本社图书，如有印装错误，由本社读者服务部负责调换。
联系地址：北京阜外月坛北小街2号
电话：（010）68022974　邮编：100836

序

让做微课变得简单

近年来,"互联网+"无处不在,无声无息中已经给大家的工作、生活等各个方面都带来了翻天覆地的变化。而随着"互联网+"的飞速发展,知识获取方式也由纯线下培训、向书本取经转向了线下线上融合甚至纯线上的方式。因此,微课也就成为了一种最受大家喜欢和最容易被大家接受的方式。

一、特色:我最闪亮!

1. 简单

现在,好多人喜欢在做事的时候把事情复杂化,而复杂化带来的后果就是效率低、成本高,目标容易出现偏差。本书的目的就是让微课变得简单化,用最简单的方式、最简练的文字,让你在简简单单中学会如何用PPT做微课,在简单中做到优秀。

2. 快速

时代的发展日新月异，时间就是效益，我们没有时间用来挥霍，也没有时间去一点点摸索，本书的最大特点在于直击目标，让你迅速掌握精髓和技巧，快速做出一门好的微课。

3. 准确

微课的特点在于聚焦一个点，目标非常明确，这就要求我们必须快速找到目标点，准确命中"靶心"，本书也会结合实战案例，教你如何准确把握内容，聚焦主题，开发设计一门微课。

4. 趣味

传统的课本教学更多的是理论知识的传输，而我们想突破传统的束缚，更加注重实际操作技巧，同时针对大家听到开发微课就头疼的这一事实，我们用最接地气的语言一点点指导大家做微课，同时让大家体会到做微课的快乐。

二、感悟：我懂你想要的！

本书不是一本关于微课理论的参考书，也不是一本单纯的技术操作说明书，而是一本从实践案例出发，教你如何发挥PPT"以一当十"的"超能力"来开发一门微课的实战指导书。

对于本书我们的团队在编著过程中也有很多的体会与大家分享。

序

1. 缘起：我们感同身受

"微"已经成为时代的特色，微课正在以其"短、小、精、悍"的优势，引起越来越多人的关注，迅速地形成了"全民微课"的氛围。

我们团队的小伙伴们也被微课的独特魅力所吸引，由此，我们深入分析和研究了国内外微课的起源和历程，同时也研究了各个领域、各种形式、不同类型的微课实战案例，从中我们提炼和总结出了很多的微课开发方法和实战技巧，感觉非常有必要把我们的研究成果与正在发愁如何做微课、如何开发一门好的微课的你共同分享。

2. 选择：为什么我们钟爱PPT

目前，微课的制作软件五花八门，各具特色，操作复杂，而如果在时间紧、任务重的情况下，你再从零基础开始学习一个专门的软件来开发一门微课的话，相信这不是最优选择。结合这一特点，我们贴心地为大家选择了PPT——这个大家都可以熟练操作的软件来教大家做微课，当你看完我们的书之后会发现，其实好多的功能你都似曾相识，会有一种"拨开乌云见月明"的感觉，这里不再多说，卖个关子，大家去看书亲身感受吧。

3. 主线：如何做好一门微课呢？

一门好的微课，不光要有炫酷的外表，最重要的还是内容和细节，从主题的选取，到课程的导入，再到内容的呈现，最后到课程的总结，集成在一个 5~10 分钟的微课里，每一个环节都是重点，每一个细节都至关重要。我们也是沿着这样一条逻辑主线，全过程地给大家介绍如何开发设计微课，同时我们弱化了理论分析，直击问题的关键，让大家可以最直接、最容易地知道如何做好一门微课。

三、致谢：谢谢你的爱！

本着为大家排忧解难、答疑解惑的目的，我们的团队进行了长期的探索和多元化的对比，首选了大家都非常熟悉的 PPT 作为软件支撑，来教大家如何做微课。在此，感谢所有参与本书编著的小伙伴们，感谢大家夜以继日的努力，感谢大家永不放弃的精神，感谢大家互相鼓励、携手前行的勇气，感谢大家为我们这本书所付出的一切。同时，感谢为本书提出宝贵意见的同仁，感谢为本书提供素材和案例的作者。我们的团队也感谢正在看我们这本书的您，感谢您对我们的包容、支持和认可。风雨之中，我们同舟共济、砥砺前行；阳光之中，我们不忘初心，努力奋进。最后，再次对所有为本书付出的人和支持我们的人表示衷心感谢！

由于水平和时间有限，本书还有很多不足之处，恳请读者朋友批评指正。人生要有目标和计划，在合适的时机做合适的事，这样才能获得完美的人生。我们的目标就是让您学会如何用 PPT 做出一门精彩的微课，我们的计划就是与您的支持一起同行，把我们更多的想法呈现出来，我们在您最需要的时候写了这本书送到您的身边，希望能给您带来阳光和温暖，助您实现完美的人生。

目　录

第一部分　开篇

第一章　故事开头 …………………………………………… 3

第二章　走进微课 …………………………………………… 7

　一、微课的定义 …………………………………………… 8

　二、微课的类型 …………………………………………… 9

　三、微课的特点 ………………………………………… 10

第二部分　实战技巧

第三章　主题选取 ………………………………………… 15

　一、微课关注，"知你心" ……………………………… 16

二、微课内容，"干货"拿来 16

三、微课主题，"标题党" 18

第四章　课程导入 23

一、导入方法，"六脉神剑" 24

二、导入设计，"五大护法" 25

三、导入案例，"三板大斧" 27

第五章　内容呈现 29

一、内容分类，让你秒懂 30

二、内容提炼，有舍有得 34

三、呈现方法，"七伤拳" 36

四、图片处理，为我所用 46

五、动画设计，来去自如 54

六、制作音频，过去的CD 70

七、视频转换，我的电影 75

第六章　课程总结 77

一、回顾重点，画龙点睛 78

二、发起号召，我们走！ 79

三、展望未来，加油干！ 79

四、诗句共勉，靠才华！ 80

五、祝福祝愿，一起"比心" 81

六、后续推荐，敬请期待 81

第三部分　说在最后

第七章　故事结尾 85

第八章　成功案例 87

一、"两学一做"微课 88

二、"方案介绍"微课 90

三、"会议服务"微课 92

四、"长征主题"微课 94

后　记 97

第一部分　开篇

第一章

故事开头

微课很热门,传播迅速,大家都想做,但做起来又觉得有难度。PPT是一个很好的入门级微课开发工具。旧软件+新操作,是易于被接受、认同的思维模式。

故事的开头是这样的：

一名入职时间不长的年轻员工，经常面对各种做汇报、做宣传的任务，总需要用到PPT（PowerPoint）。自己想表现，想做得出色，做出亮点来，但是又不知道什么样的才叫好，也不知道怎样才能做好，好不容易对文字和排版有那么点感觉了，却又发现，随着智能手机的发展，大家都开始做微课（Micro Lectures）了，而且领导又有新的要求了，有的东西需要通过宣传材料或者微课的方式来呈现，但自己总跟不上进度，怎么办呢？

在工作中，对于大部分人来说，做汇报不是一件简单的事情，尤其是碰上要求高的领导时，那种体验太难受了。其实，很多人难以提高宣传材料和微课制作能力，主要原因是没搞清楚套路，也没充分利用自身优势，导致难以启动，启动了也是杂乱无序。

所以，我们的故事主题就是和大家分享一下PPT微课开发的实战技巧。

说到微课开发，我们先看看微课发展的情况。"微课"一词最早于2008年由美国新墨西哥州圣胡安学院的戴维·彭罗斯提出，2014年开始逐步在国内热起来。以微课为关键词，从百度上可以搜索到约1640万条链接，从CNKI上可以搜索出38000多篇相关文献，可检索到的期刊超过30000篇，硕博论文超过3000篇。从文献量上可以看出，2016年超过14000篇，2017年上半年已经累计超过1万篇，可见其热度极高。

微课热，究其原因不外乎以下几个：

时间原因，在快节奏生活的背景下，人们已经难以或者提不起兴趣占用专门时间去读书，碎片化成为了一种重要方式。

网络原因，随着网络条件的改善和智能手机的普及，通过移动端获取知识的方式越来越普遍。

兴趣原因，长篇大论的灌输学习方式已经难以满足人们的需求，以趣味方式讲解出来的知识点更能让大家记住、关注和传播。

传播原因，微课不仅能讲解、传递知识，也能用于操作示范、文化宣传、时事点评等，PPT可应用于多种场景，形式多样、格式灵活，也是其火热的重要原因。

在这样的背景下，大部分人都认识到了微课的价值和重要性。他们用起来觉得很好，但是要自己来做还是很有难度的，原因也无外乎两个：不知道做什么和不知道怎么做。关于做什么，是需求问题，大家都不一样，所以不是本书的关注点；涉及怎么做的问题，很多人觉得用各种工具、各种软件，又是拍摄、又是录音、又是脚本、又是动画、又是H5（把广告做成一个场景，通过二维码或转发链接，让用户更直观地体验互动）、又是SCORM（共享组件引用模式）的，太麻烦了，那么有没有简单的办法呢？而这也正是我们这个故事的核心所在。

按照一般接受思维套路，新+新=无，旧+新=有。

新知识+新软件，相信对于大部分人来说的结果是：这个东西很不错，但是需要学习新软件，操作也很麻烦，所以只能搁置一边，最后不了了之。

　　旧软件+新知识则属于惯性接受思维，这也是本故事的初衷，即通过运用大家都熟悉的PPT，结合大家平时用得较少的各种操作来制作微课，然后大家就有更大的热情去做了。

　　通过明确、简单的操作步骤，带着大家探索PPT的未知领域，教会大家制作出效果还不错的微课是本书的初衷。

第二章 走进微课

微课起源于教育，发迹于新闻传播、文化宣传。尚未形成明确定义，但类型多样，"短、小、精、悍"的特点明确。

微课起源于学校教育领域，一般是教师针对具体知识点制作的小型学习资源，灵活应用于课堂教学过程中。近年来，微课使用场景逐渐拓宽，涵盖了教育培训、文化宣传、新闻传播等多个领域。那么到底什么是微课呢？

一、微课的定义

目前，关于微课尚未形成公认的统一定义。综合各种现有成果，我们尝试对微课进行如下定义：微课是指以图文、动画、视频等多媒体形式，按照明确的教学目标和理论，向受众阐释碎片化、轻量级知识内容的微型课程。

与其他具有信息传递属性的媒介形式相比，微课之所以为课，须有明确的教学目标，遵循学习认知理论，关注知识内容的阐述讲解，重视学习课件的设计开发。

1. 以受众为中心

微课强调以受众为中心，根据受众的特征和需求设计全部课程教学要素，受众主要通过自主学习和进行相应的测评考试完成微课学习活动。

2. 明确的教学目标

微课聚焦在具体一个或几个知识点的较小结构单元进行针对性的重点阐释，并依据人类注意力行为特点，力求短时奏效，并对其认知结构产生一定影响。

3. 以数字化课件为主体

微课以数字化课件为传播媒介，将知识内容与受众有效连接在一起。课件设计必须符合教学目标并遵循教学原理，其具体制作过程包括内容选题、教学设计、脚本编写、发布传播等多个环节。

4. 有完整的教学要素

微课体量虽小，但仍然是一个结构完整的教学系统，应该涵盖教学需求分析、受众特征分析、教学内容设计、信息技术辅助、学习支持援助、学习效果评价等教学活动的关键组成要素。

5. 应用传播灵活高效

微课主题突出、内容精练、制作快捷，广泛应用于学校教育、企业培训、文化传媒、品牌宣传、产品介绍等多个领域，既可以配合课堂教学使用，也可以随时随地自主学习，能够成系列、模块化地灵活组合，在多种媒体平台实现快速发布分享，产生及时深远的知识传播效果。

二、微课的类型

在实际工作和生活中，我们接触到的微课内容广泛、形式各异。依据不同的分类标准，微课具有多种分类结果。

按照媒体形式可分为图文微课、动画微课、视频微课等多种类型。

按照呈现效果可分为静态微课、动态微课、交互微课等多种类型。

按照制作技术可分为信息图微课、视频拍摄微课、屏幕录制微课、PPT 转制微课、Flash 动画微课、HTML5 标准微课等多种类型。

按照应用情景可分为兴趣学习微课、知识讲授微课、技术示范微课、宣传展示微课、产品介绍微课等多种类型。

三、微课的特点

在实际推广应用中，微课具有时间体量短小、内容主题聚焦、设计制作精致、发布传播快速等特点，主要可以用"短、小、精、悍"四个关键字概括总结。

1. 短

微课时长基本控制在 10 分钟以内，不需占用大段连续时间，利用较短的碎片化时间即可完成学习，有利于受众保持注意力，取得较高的课程学习完成率。此外，微课的设计制作和发布传播周期较短，能够快速响应即时需求，具有更高的发布传播效率。

2. 小

微课主题突出、内容精练、知识容量小，主要关注于一个知识点、一项技术操作或者一件典型案例的讲解阐述。文件大小一般控制在50M以内，在发布上传和传播下载的速度方面具有极大优势，能够实现PC端、移动端跨平台快速传播，尤其在当前移动互联网时代，更加易于快捷高效地进行转发分享。

3. 精

麻雀虽小，五脏俱全。为了在有限的时间和容量限制下实现既定的目标，微课需要融合多方面专业知识领域，在主题内容、教学结构、技术方式、媒体呈现、视觉效果、应用传播、评估反馈等方面进行精心的思考研究和设计制作。优秀的微课兼顾教学效果和艺术美感，能够达到知识内容精准、设计制作精良、学习体验精彩的高质量标准。

4. 悍

微课内容主题精练、形式灵活多变、适用领域广泛，兼具教学性、思考性和趣味性，通过科学的教学设计、严谨的知识阐释和丰富的媒体呈现，微课能够给受众带来强烈的吸引力和冲击力，产生与传统课程教学模式大为不同的全新优质学习体验。

目前，微课在快速发展取得显著成效的同时，也暴露出一些问题和不足，值得我们在未来的设计开发实践中加以重视注意，比如：认为"微课=微课件"，只关注教学资源而缺少其他教学要素设计；"微"而不"课"，技术形式大于知识内容，教学属性不足。未来的微课，应该出自资源提供者本身，而不是经由设计人员制作的微课。

　　PPT因其可获取性、普遍性、易上手等特点，是解决领域专家、行业新手不会做微课这一问题的有效可行办法之一。

第二部分　实战技巧

第三章 主题选取

微课的"微"在很大程度上体现为直面问题、直抒胸臆，免去烦琐的铺陈，高效地传播解决问题之道。

好的微课选题能够直面痛点，找到问题的关键症结，吸引受众深入了解微课内容，通过自省和对照改进来达到教学目的。

一、微课关注，"知你心"

从微课的意义来看，不妨问问自己：做给谁看？解决谁的问题？微课主要着眼于解决受众的疑惑或讲授重点、难点知识，一节微课通常只针对解决一个问题或完成一个任务。又因微课有着特定受众，目标受众具备理解微课内容的必要基础知识，有针对性的、个性化的微课选题能在受众中引起共鸣，吸引其深入思考。所以，从受众实际需求出发、具备了功能含义的微课更具可用性和有效性，更能成为自主、个性化学习的支撑。

从受众的实际需求出发，切入点即应用场景的设计。微课内容的选取立足于受众应用场景，可以是传授一个知识、介绍一种方法、解决一个问题、剖析一个案例，选题要与受众需求紧密相关。内容如果不关注应用，很容易把课程变成一个"照本宣科的材料"。

二、微课内容，"干货"拿来

微课设计的内容就是学习内容的知识点，微课的知识点设计，是制作微课的核心。因此，在设计每一节微课时，首先要慎重选择知识点，并对相关知识点进行科学的分析和处理，使它们更符合科学的认知规律，学习起来才能达到事半功倍的效果。

所谓的知识点，就是构成知识的基本元素，从课程教学的层面来看，微知识点可认为是从教学内容中抽取出来的，具有一定独立性、完整性的知识结构。

那么如何提取知识点呢？总结起来有三忌：

1. 忌大而全——攻其一点

选题要具体、实在、细致。问题切入点要小，研究的内容要相对单一，选题切忌脱离实际、假大空。微课适合阐释简单、明确，而不是特别复杂的知识、原理。如果是特别复杂、专业的知识、原理，不仅需要系统地学习、深入地讲解，依赖大量专业知识，也很难在短时间内解释清楚。

2. 忌平而泛——画龙点睛

关注微课应用场景中的重点、难点、疑点、热点，即对微课教学有重要影响或者对受众的知识掌握有关键作用的几个要点。要点提炼是微课知识点呈现的前提，对精准定位受众需求、强化重点知识认知、提升教学效果具有重要意义。要点的提炼要以满足受众实际需求为出发点，关注微课应用场景中的核心要素和关键环节，可以采用提问题、纠误区、列提纲、数字化等方法来呈现。

3. 忌万能论——点石成金

和任何学习技术或方法一样，微课的表现方式也不是万能的，不是任何培训和学习需求都适合通过多媒体的方式来呈现，合适的内容加上微课的形式才能起到点石成金的效果。比如：技术或操作方法可以通过微课形象化演示，事件处理进度或程序步骤可以通过图表系统化呈现，容易阐释的案例或知识点可以通过图文故事性地展示。若是相对抽象，以经验判断、现场体悟为主的内容则不建议使用微课。

三、微课主题，"标题党"

这是一个酒香也怕巷子深的时代，也是一个"标题党"林立的时代。当今社会，职场竞争激烈，繁重的工作压力将职场人的学习时间压缩得越来越少。同时，随着多媒体和网络技术的发展，学习资源越来越多，甚至呈现鱼龙混杂的局面。想要在纷繁复杂的学习资源中引起受众注意，使其有兴趣占用宝贵的学习时间来深入了解，需要在选题上下足功夫。足够吸引眼球的标题是营销的起点，也是成功的关键一环。做微课"标题党"就是要以独特、适合的选题抓住受众眼球、吊足受众胃口、引起受众共鸣、直面受众痛点，使微课内容有机会展现在受众面前。

微课标题包装示例如下：

帅哥去哪了？	化学元素决定了人类的爱情？	有一种旅行，叫"别人的旅行"
毒品为什么让人上瘾，戒毒又为什么那么难？	中国游客占领了全世界？	哪些中国"传统美食"是骗人的？
关于秋裤，听听时尚达人壹读君怎么说？	为什么西方人用刀叉，中国人用筷子	解密南方不装暖气之谜
论手机的修养	有钱没钱都不能任性的西餐礼仪	手机辐射到底能不能致癌
不同省份的中国人，容易得什么病	不健康三部曲之一：你肾虚了吗？	武侠小说里的门派真的存在吗？
看视频上瘾的病，需要治吗？	四种血型各有什么致命弱点？	不健康三部曲之二：你上火了吗？
不健康三部曲之三：不靠谱的大补	习大大打老虎的视频是壹读君制作的	我们=10%+90%的细菌
春节返乡职场装腔指南	食物掺了激素其实对人体无害？	1块钱的成本卖100，为啥不犯法？
中国不同地区的离婚规律	中国式地区歧视：有血有泪还有史	中国哪儿的人最能喝？

资料来源：壹读视频。

找出优秀微课标题的共同点，你就知道微课标题包装的窍门所在，一般无外乎四种套路。

1. 蹭热点

使用娱乐用词、网络用语等会大大提升微课的识别度与影响力，不仅可以随着热议话题加快扩散速度，同时也能通过对比增强趣味性和共鸣，达到很好的使用效果。

例如：借助八一建军节的节日背景，结合当下网络热议的该档期电影，制作《不了解解放军，电影你都看不懂》。

极简解放军史，简到崩溃，笑到落泪

Stone小知识——不了解解放军，电影你都看不懂

1927年8月1日，中国出了件大事儿：
共产党有军队了，老百姓再也不怕被人欺负了。

这事儿有多重要呢，这么说吧，如果没有这事儿，你们今天无论多纯爷们儿，出门吵架都是这个味儿：

很没气势有没有！

90年来，咱们人民的军队发生过什么？
混子哥要在这个重要的日子里，给大家梳理一下：

中国人民解放军的历史

不然你连电影都看不懂，我有说错吗？

资料来源："混子曰"微信公众号。

2. 吊胃口

在标题里设置悬念，透露部分信息，剩下的部分关键信息通过观看微课获得，标题即能实现课程问题导入的功能，学习目的性也凸显出来。精妙的微课选题能给受众以无限的想象空间，巧妙的切入点和恰当的悬念设置可以吊足受众胃口，从而牢牢地锁定目标受众。

例如：微课标题《电网人的感人瞬间》直接将微课内容表达明确，即"电网人"、"感人"，想了解的就点进来浏览。但是这样直接的表述就把受众人群缩小了。若改成《长情陪伴，看到最后一张泪崩了》，制造内容悬念，就可以获得点击率的翻升。

3. 创矛盾

所谓矛盾，即普遍认为不可能做到或概率很低的事情，在陈述句中寻找主题矛盾，甚至制造矛盾，并将关键矛盾放大化、直观化，通过列直观数字、疑问句的形式展现矛盾冲突，从而提起受众兴趣，引起大家关注。

例如：微课标题《百万用户推广秘诀》也许是在介绍一个成功推广的案例，不怎么起眼。如果我们制造一个矛盾，将标题修改为《如何不花一分钱把用户做到100万》，1分钱和百万用户是明显的冲突，在移动互联网时代大家获得一个用户的成本是几元甚至十几元，有了近乎免费的推广方法，关注度就更容易提升。

4. 击痛点

任何一个微课都会传递很多有价值的信息，那么就需要选择用户最关心的痛点呈现在标题上，直接表达问题解决中最决定性的因素。

例如：做不好PPT，做不好宣传和汇报，这是大部分人的一个痛点。于是针对痛点，制作了一门微课《如何用PPT做汇报》，内容无误，却没有很好地展现痛点。若改成《以一当十——PPT微课开发实战》，既解决了PPT的问题，也解决了用来汇报和做微课的问题，更加抓住了读者的痛点，无疑会引发更高的点击量和更大的共鸣。

练习：为你的微课改名字。

第二部分 实战技巧

第四章

课程导入

良好的开端，等于成功的一半。课程导入是微课设计的前奏，好的导入能迅速激发受众兴趣，吸引受众注意力。

课程导入是指根据教学内容，通过各种课程导入方法，引出主题，达到激发受众兴趣、吸引受众注意力的目的，使受众的思维迅速定向，集中探索知识本质，为进一步学习打好基础。

一、导入方法，"六脉神剑"

课程导入的方法形式多样，既可以是一个痛点难点，如问题、案例、新闻、现象，也可以是权威信息，如名言、数据、政策等。常见的课程导入可以大致分为以下六大类：

1. 目标导入

向受众讲解课程学习目标，让受众理解课程的整体目的和框架，有利于受众迅速地抓住重点。

2. 痛点导入

切合实际工作场景，呈现工作中普遍存在的问题，突出问题给工作带来的影响，迅速激发受众兴趣。

3. 问题导入

提出悬念性的问题，激起受众的好奇心，然后慢慢引导受众寻找答案，唤起受众的好奇心和求知欲，保持受众的注意力，使课堂内容引人入胜。

4. 案例导入

选择与课程主题相关的案例，案例呈现出一个事件的过程，给受众对事件独立判断的机会，让受众置身于某种具体的、生动的、与课堂教学内容相关的案例之中，唤醒受众的思考和体验，快速进入思考和学习状态。

5. 时事导入

结合时事热点、相关政策，引用权威信息，引起受众的重视。

6. 类比导入

由浅入深，采用类比的方法，先用众所周知的事物、场景描述，然后烘托出课程主题。

导入有法，但无定法。在课程设计中，我们可以参考上述六种方法，但是不要拘泥于其中，根据具体的微课设计内容，结合不同导入方法的特点，灵活设计导入内容，将课程导入与课程内容进行很好的引入与衔接即可。

二、导入设计，五大护法

1. 设计思路

设计思路是指画面中的人的动作行为或物体的运动过程的出现形式、表达等。不同的导入方式，其设计思路侧重也不一样，如目标导入侧重明确学习目标，案例导入侧重情境的设立，问题导入侧重问题的悬念等。应该巧思、巧用，进行精心的导入设计，选择恰当的导入素材，结合不同导入方式的特点，使导入层层递进。

2. 场景选择

场景是一个画面的载体，这里提到的场景可以是情景动画里室内或者户外：办公室、走廊、楼梯间、变电站、配电间、杆塔下等实景；也可以是纯色的幻灯片页面，一般要表现抽象的内容：SmartArt 图表、图形、表格、关键的文字。我们可以将场景直接转换成"幻灯片"。

3. 关于配音

配音要注明角色名称，内容表达口语化且能通顺阅读。活泼、幽默的语言可以使课程添色不少。配音的语速控制在 220~280 字/分钟，所以，通过配音文字能够很好地帮助我们控制课程时长。

4. 注意事项

(1) 课程导入内容旨在有重点地导入课题，多采用开门见山、一针见血的叙述方式，切忌叙述过多内容。时间尽量控制在 30 秒以内（按 280 字/分钟计算）。

(2) 需要根据配音稿写出相应的画面动作。一般来说 1~2 句话对应一个画面动作。切忌过多的话对应一个画面动作，画面避免单调枯燥。

(3) 脚本设计全面充实，需要为课程中提到的与专业相关的场景、工具提供图片说明，人物性别、服饰穿戴需提供文字说明，为后面视频制作打好基础。

5. 参考样例

课程导入		
设计思路	画面配音	
伴随三人对应的语音，呈现三人的形象和头部的对话泡文字。（人物形象需优化，中间的果果需要穿职业装的全身像）	孔子得意门生曾子有曰：士不可以不弘毅，任重而道远。仁以为己任，不亦重乎？死而后已，不亦远乎？ 果果：曾子说的话对咱们国网人也很有启示。咱们国网人，肩负着重大使命。路漫漫其修远兮，想要到达目的地，是不是要时刻警醒自己呀？ 旺旺：果果同学有进步哦！这段时间中共中央办公厅印发的"两学一做"，咱们就必须要好好学习。这是我们前进道路上的正能量哦！	

如上图所示，PPT正文上要填写本页需要表达展现的画面即场景画面，同时在设计思路当中详细描述表达的方法、过程、形式，画面配音里面写上这个页面所匹配的配音内容。

三、导入案例，三板大斧

以目标导入法为例，按照达到的目的和效果，大致可以分为以下三个方面：

1. 掌握某项知识或技能

例如：通过本次课程的学习，使受众理解电压表工作原理，了解双母线倒闸操作基本要求、遵循原则及倒停母线操作相关知识，达到熟练掌握填写（220kV 母线）倒闸操作票以及（220kV 母线）倒闸操作的目的。

2. 了解过程与方法

例如：通过本次课程的学习，使受众了解计算机的发展过程，并学会使用 Internet 检索信息、传输信息。提高分析问题、解决问题的能力，掌握应用信息技术改变学习方式的方法。

3. 表达情感、态度、价值观

例如：通过本次课程的学习，使同学们端正学习态度，培养良好习惯，提高学习效率，建立建构主义学习教育观念。

如下图所示，通过本课程的学习，你可以深刻认识"两学一做"学习教育的内涵，身体力行，认真贯彻"两学一做"学习教育。

学习目标

通过本课程的学习你可以：

深刻认识到"两学一做"学习教育的内涵，身体力行，认真贯彻"两学一做"学习教育

第五章

内容呈现

内容是微课关键，但是呈现形式也至关重要。用PPT做微课，从内容和形式上进行综合处理，结合相关基本和常用操作，能实现图片、动画、音频、视频的灵活运用，让你的微课瞬间吸引所有人的目光，达到最佳效果。

在确定了微课主题和主要内容后，紧接着的就是微课的核心，即内容呈现。关于内容与形式谁重要的争议由来已久，我们不争论答案，但是不可否认的是，同样的内容，以更生动形象的形式呈现，更能引人入胜。

那么微课怎样呈现才能更有效果呢？

不同内容类型的微课应该采用不同的呈现方式，如下图所示：

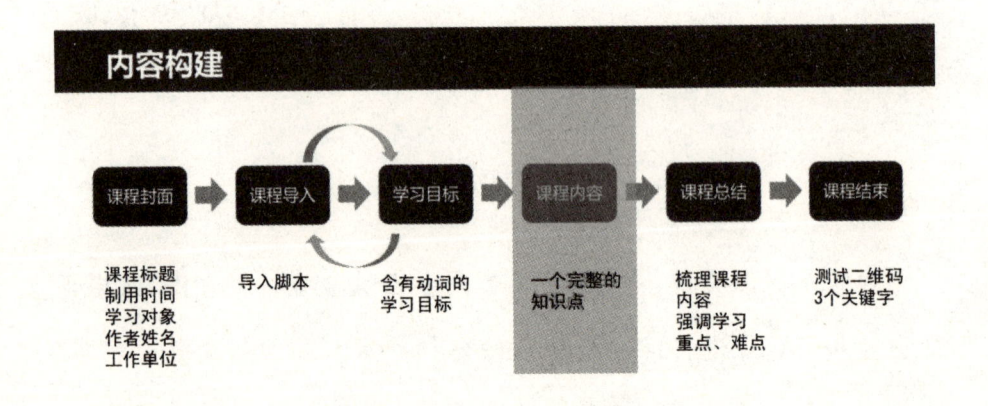

内容构建

课程封面 → 课程导入 → 学习目标 → 课程内容 → 课程总结 → 课程结束

- 课程封面：课程标题、制用时间、学习对象、作者姓名、工作单位
- 课程导入：导入脚本
- 学习目标：含有动词的学习目标
- 课程内容：一个完整的知识点
- 课程总结：梳理课程内容、强调学习重点、难点
- 课程结束：测试二维码 3个关键字

一、内容分类，让你秒懂

如下图所示，从内容的角度来看，微课可以分为知识讲解类微课、问题解决类微课、案例介绍类微课、技能操作类微课。

微课类型
- 知识讲解类微课
- 问题解决类微课
- 案例介绍类微课
- 技能操作类微课

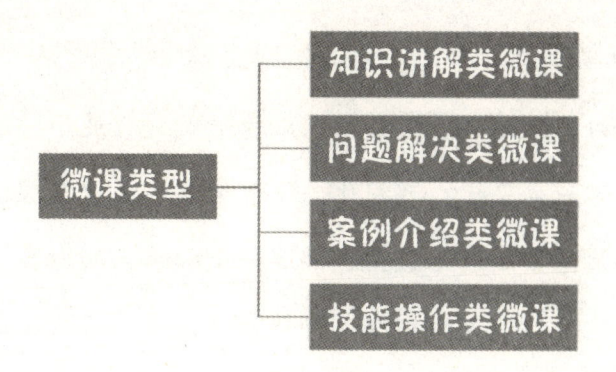

1. **知识讲解类**

一般可以从某一知识的概念（定义）、分类及作用、原理和运用领域几个部分进行讲解。

2. **问题解决类**

一般可以采用图文、视频或动画的形式进行展示，以问题抛入为引导，启发思考。课件内容主要以解决此核心问题为目的，从而展开一系列的分析讲解过程，使问题得以解决。该类型的微课件结构一般以问题为出发点，通过对问题的分析，找出解决问题的方法，最后总结出解决类似问题的思路。

3. **案例介绍类**

案例介绍类主要包括案例发生前、中、后不同情景，在整个情景过程中采取了哪些措施，采取的措施带来的影响，案例带来的启示四部分内容。

4. 技能操作类

一般可以采用图文、视频或动画的形式进行展示，运用多媒体素材使操作过程形象化、可视化，便于受众直观地掌握该技能的核心步骤以及注意事项。一般推荐讲解一个知识点的内容，常见讲解顺序为：技能操作前期需要准备哪些条件，操作流程是怎样的，操作要点有哪些，需要注意的内容有哪些。

参考样例：

我们以知识讲解型微课件为例为大家进行介绍。

课程内容样例

（人物形象）

- 落实党章关于加强党员教育管理要求、面向全体党员深化党内教育的重要实践
- 推动党内教育从"关键少数"向广大党员拓展、从集中性教育向经常性教育延伸的重要举措

设计思路	画面配音
伴随语音，呈现相应的图片并依次出现对应的文字（伴随键盘敲击声）和色块	习近平说：开展"两学一做"学习教育，是落实党章关于加强党员教育管理要求、面向全体党员深化党内教育的重要实践，是推动党内教育从"关键少数"向广大党员拓展、从集中性教育向经常性教育延伸的重要举措

• 第二部分　实战技巧 •

知识分解

- 习近平总书记关于改革发展稳定、内政外交、国防、治党治国的重要思想
- 党中央治国理政的新理念、新思想、新战略
- 与马克思列宁主义、毛泽东思想、邓小平理论等思想结合起来

人物

设计思路	画面配音
伴随语音，呈现相应的图片	学习系列讲话，主要有三块内容：①习近平总书记关于改革发展稳定、内政外交、国防、治党治国的重要思想；②党中央治国理政的新理念、新思想、新战略；③与马克思列宁主义、毛泽东思想、邓小平理论等思想结合起来

知识如何应用

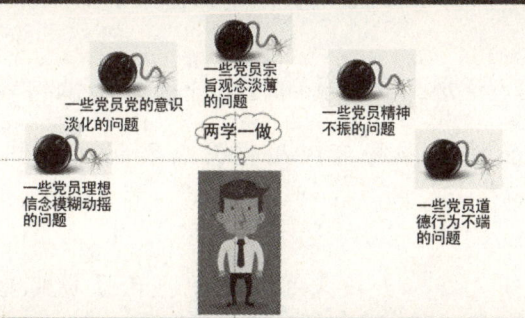

- 一些党员党的意识淡化的问题
- 一些党员宗旨观念淡薄的问题
- 一些党员精神不振的问题
- 一些党员理想信念模糊动摇的问题
- 一些党员道德行为不端的问题

两学一做

设计思路	画面配音
伴随语音，呈现人物图片，然后页面出现五个"两学一做"中的问题，然后依次消失	"两学一做"有内容，解决问题一定行。通过"两学一做"活动，着力解决一些党员理想信念模糊动摇的问题，着力解决一些党员党的意识淡化的问题，着力解决一些党员宗旨观念淡薄的问题，着力解决一些党员精神不振的问题，着力解决一些党员道德行为不端的问题

应用场景

```
     "两学一做"
    活动六大助力措施
```

设计思路	画面配音
伴随语音，呈现中间的色块和文字。然后依次出现对应的图片和文字	六大措施助力"两学一做"学习活动顺利开展。①围绕专题学习讨论；②创新方式讲党课；③召开党支部专题组织生活会；④开展民主评议党员；⑤立足岗位做贡献；⑥领导机关干部做表率

二、内容提炼，有舍有得

在内容呈现部分，最重要的一个任务就是做内容提炼，也就是提炼文字，突出重点，将可以用图片替换的文字内容换成图片和配音。

一般情况下，在一大段文字材料中，为了提炼重点内容，我们需要删除的有五种类型的文字：原因型文字、铺垫型文字、重复型文字、辅助型文字和解释型文字。如下图所示：

原因型文字 1

解释型文字 2

辅助型文字 3

重复型文字 4

铺垫型文字 5

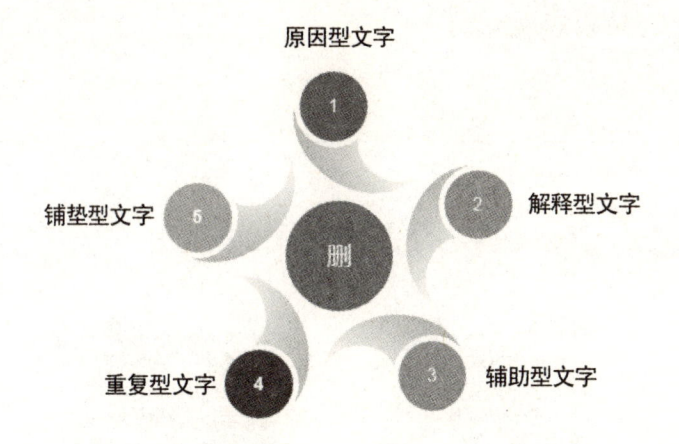

删

内容提炼的参考样例：

原文字内容：

如何科学用电

　　能源紧缺已成为当今影响世界发展的一大问题，只有每个人自身真正了解到"能源危机"的威胁，才能在日常生活中一点一滴地去改变一些不良习惯。我们应该通过各种形式向广大市民宣传节能减排知识，在全社会营造浓厚的节能减排舆论氛围，让广大市民时刻树立起坚定的节能意识，共同为人类的家园尽心尽力。从身边事做起、从自己做起、努力为节能减排"多尽一份心、多出一分力"。随手关灯；空调冬季调低点，夏季调高点；小衣服手洗不要用洗衣机；灯泡换成节能灯，不需要太亮的地方瓦数换小点；等等。

优化过的内容：

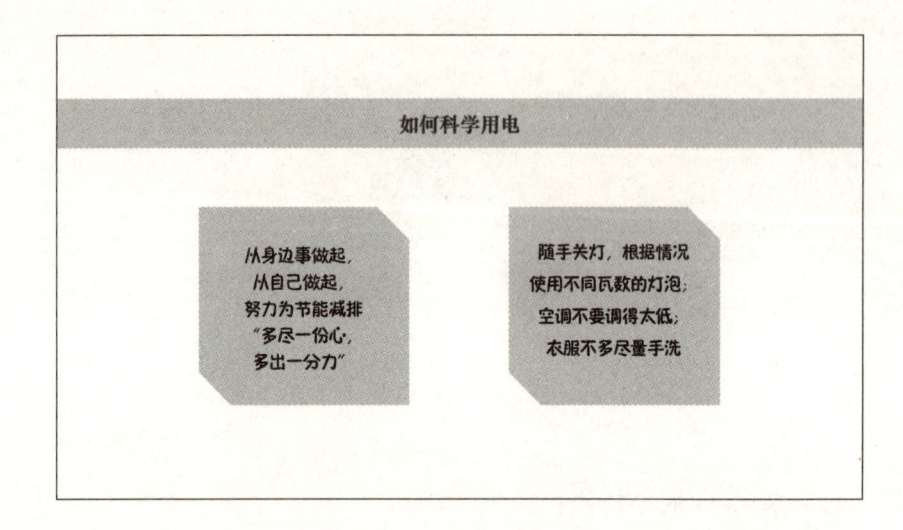

```
┌─────────────────────────────────────────┐
│          如何科学用电                    │
│                                         │
│    ┌──────────┐        ┌──────────┐    │
│    │从身边事做起,│        │随手关灯，根据情况│    │
│    │从自己做起,  │        │使用不同瓦数的灯泡;│   │
│    │努力为节能减排│        │空调不要调得太低;│    │
│    │"多尽一份心, │        │衣服不多尽量手洗 │    │
│    │多出一分力" │        │          │    │
│    └──────────┘        └──────────┘    │
└─────────────────────────────────────────┘
```

说明：在这段话中，我们要删除的是描述型的文字和铺垫型的文字。前面一段辅助型文字太烦琐，可以直接删掉，后面有两点都在说关灯省电，这两点可以合并到一起，烦琐的文字需简化。

三、呈现方法，"七伤拳"

1. 讲授法

讲授法要求语言精练、条理化。用讲授法优化后的效果如下图所示：

> "以语言传递信息为主的方法"，包括讲授法、谈话法、讨论法、读书指导法等
>
> ➡
>
> 以语言传递信息为主的方法：
> 1. 讲授法；
> 2. 谈话法；
> 3. 讨论法；
> 4. 读书指导法

经过优化后，整个内容看起来更清晰，一目了然。

2. 图表法

图表法即用图表展现文段逻辑。以图表的形式对内容进行呈现，可以用PPT里的SmartArt来体现并列、流程、循环、层次、关系、矩阵、数据等，用图表法优化后的效果如下图所示：

> "以语言传递信息为主的方法"，包括讲授法、谈话法、讨论法、读书指导法等
>
> ➡
>
> ❶ 讲授法　❷ 谈话法　❸ 讨论法　❹ 读书指导法
>
> **以语言传递信息为主的方法**

那如何应用SmartArt进行优化呢？

例如，我们要写一段并列的词语：迅速按键、紧贴内墙、握紧扶手、用手抱颈，效果如下图所示：

迅速按键　紧贴内墙　握紧扶手　用手抱颈

迅速按键 ➡ 紧贴内墙 ➡ 握紧扶手 ➡ 用手抱颈

具体步骤如下：

(1) 选中想要优化的文本框。

(2) 点击鼠标右键，选择转换为 SmartArt。

(3) 然后选择需要的图形，进行优化。

这里需要注意两点：

(1) 并列词的前面要左对齐，不要留空格。

(2) 如果选择分级别的图形，可以将二级的文字先点击缩进，然后再转图形。

3. 图示法

图示法即用图片体现文字内容。用图示法优化后的效果如下图所示[①]：

"以语言传递信息为主的方法"，包括：

讲授法；

谈话法；

讨论法；

读书指导法等

讲授法　谈话法　讨论法　读书指导法

---

① 示例图片来源于百度图片，全书同。

经过优化后，全文字版转化成容易接受的图文模式了。

4. 突出法

突出法包括标记突出、对比突出。

（1）标记突出。是指在讲述操作步骤、工具等内容时，要标记重点突出的步骤和内容，起到提醒和注意的作用。

具体操作步骤如下：

【插入】—【形状】—选择形状—【格式】—【形状填充】—【颜色填充】

改变轮廓的颜色、粗细状态：

【形状轮廓】—【主题颜色】

【形状轮廓】—【粗细】

效果如下图所示：

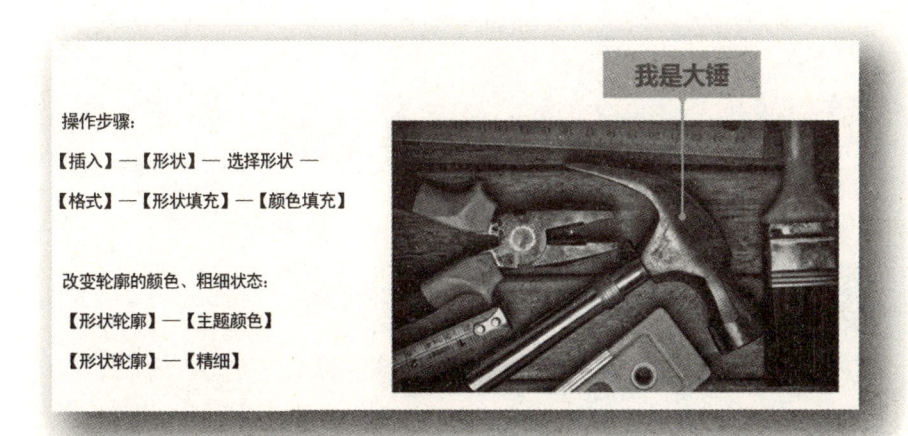

操作步骤：
【插入】—【形状】—选择形状—
【格式】—【形状填充】—【颜色填充】

改变轮廓的颜色、粗细状态：
【形状轮廓】—【主题颜色】
【形状轮廓】—【精细】

我是大锤

（2）对比突出。包括数据对比、行为对比、方法对比、效益对比、场景对比等。

效果如下图所示：

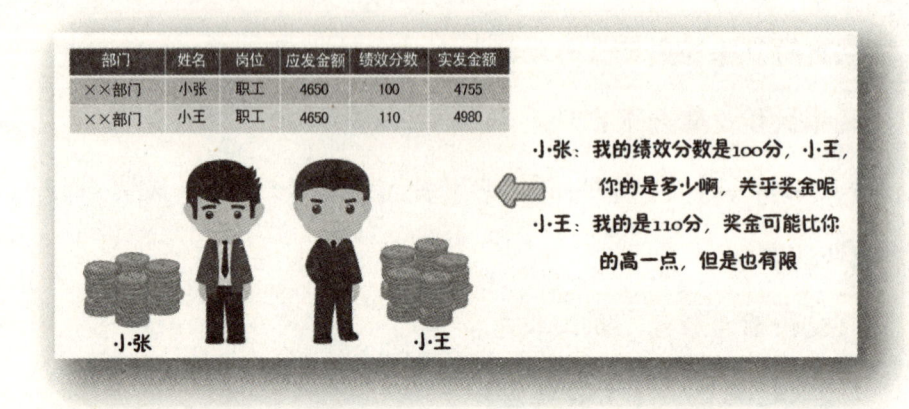

也可用下图中的方式进行呈现：

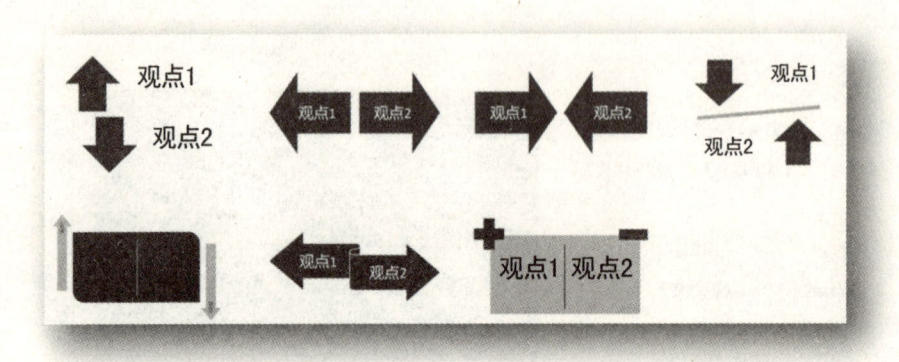

5. 演示法

演示法即用动画、视频展现文段内容。效果如下图所示：

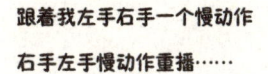

6. 情景模拟

情景模拟即给出特定场景营造教学氛围，如权威言论、动画情景、情景对话、打比方等。

效果如下图所示：

动画情景

情景对话

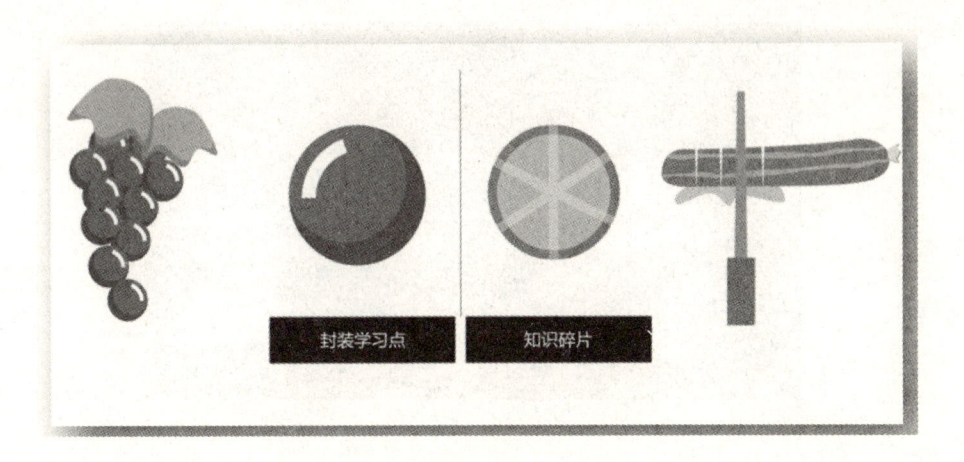

打比方

7. 主题包装

主题包装方式很多，我们这里列举四种常用方式：明星代言、文学形象、特效音乐和网络热图。

（1）明星代言。为自己的课件找一个代言人，可以是明星、公众人物、经典段子、热门电影电视等。

包装效果如下图所示：

（2）文学形象。如西游记、武侠小说等。包装效果如下图所示：

(3) 特效音乐。用热门音乐与课程结合，这种包装方式对音乐歌词的改编能力有较高要求，如下图所示：

(4) 网络热图。结合网络热图的包装方式，容易让受众产生共鸣，如下图所示：

四、图片处理，为我所用

PPT 图片处理功能其实很强大，微课开发常用到其中的三个功能：裁剪、抠图和排版。

1. 裁剪功能

该操作可以将已有图片裁剪成需要的形状。

具体操作步骤如下：

选中图片，进入菜单栏【格式】—【裁剪】—拖动黑色标注改变图片大小，完成后，点击空白处退出。

效果如下图所示：

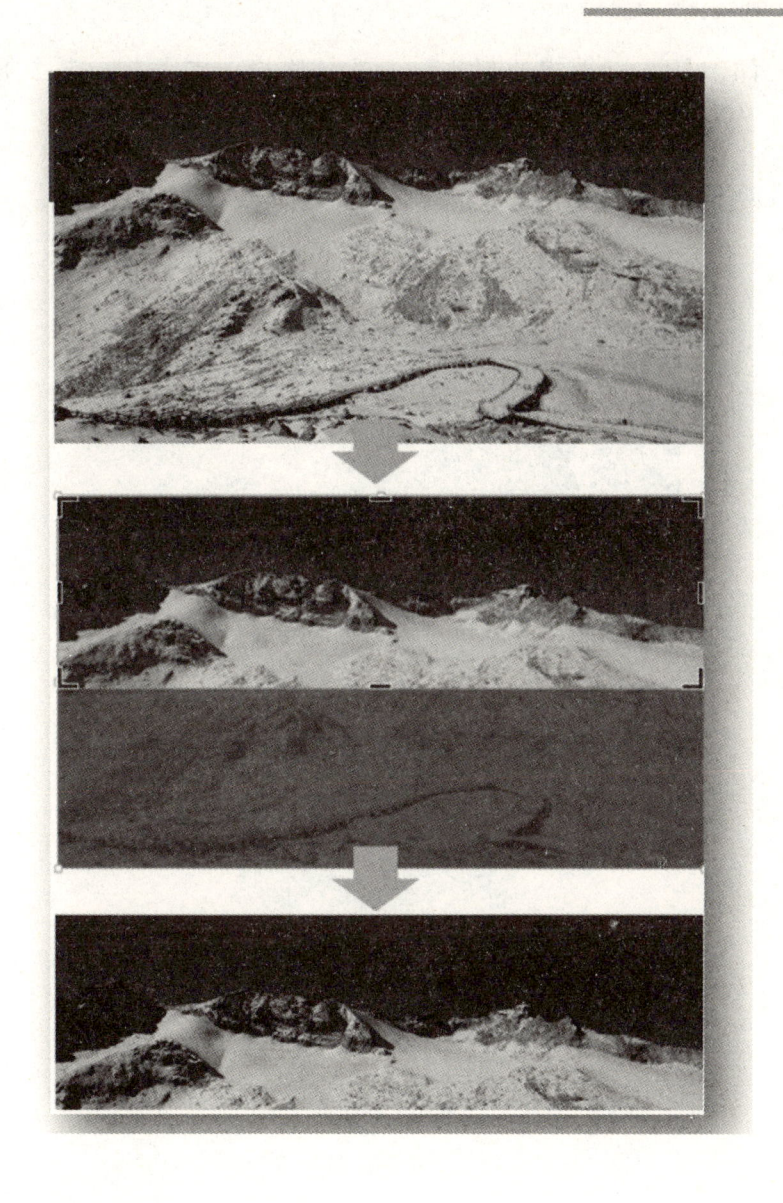

如果想把图片裁剪成圆形或者正方形，要如何处理呢？

具体操作步骤如下：

选中图片，进入菜单栏【格式】—【裁剪】—【纵横比】—

选择【1:1】—【裁剪为形状】—选择圆形，完成后，点击空白处退出。

效果如下图所示：

在使用图片时，需要注意的几个问题：

(1) 模糊的、有水印的、变形的图片不可以用。

（2）用快捷键 Shift 来调整图片的大小（可以保证图片比例不失真）。

2. 抠图功能

该操作可以将已有图片素材中的部分不规则内容抠出来，并成为不带背景颜色的新素材。如下图所示（来自百度图片），需要将床的部分抠出来作为单独素材，就要用到这一功能。

具体操作步骤如下：双击图片—删除背景—标记要保留的区域—标记要删除的区域—保留更改。

双击图片

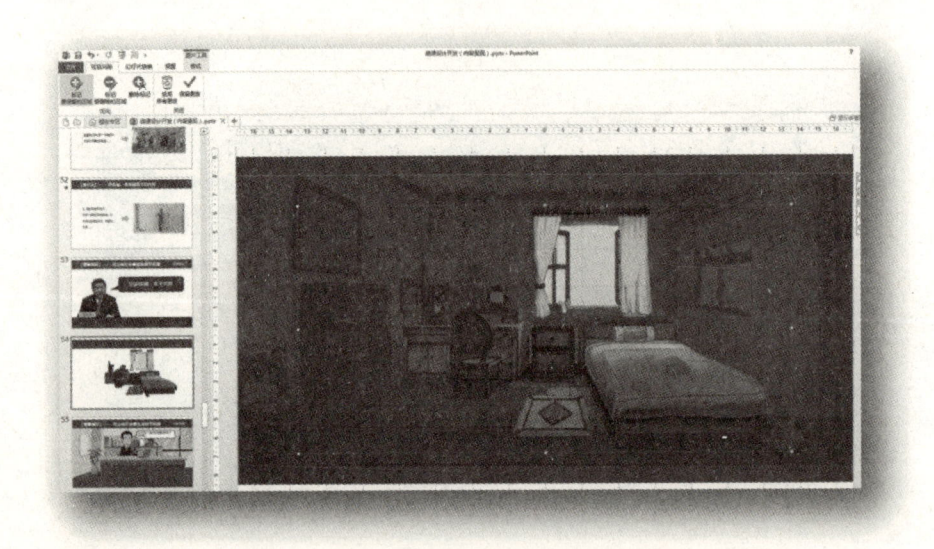

删除背景

• 第二部分　实战技巧 •

标记要保留的区域

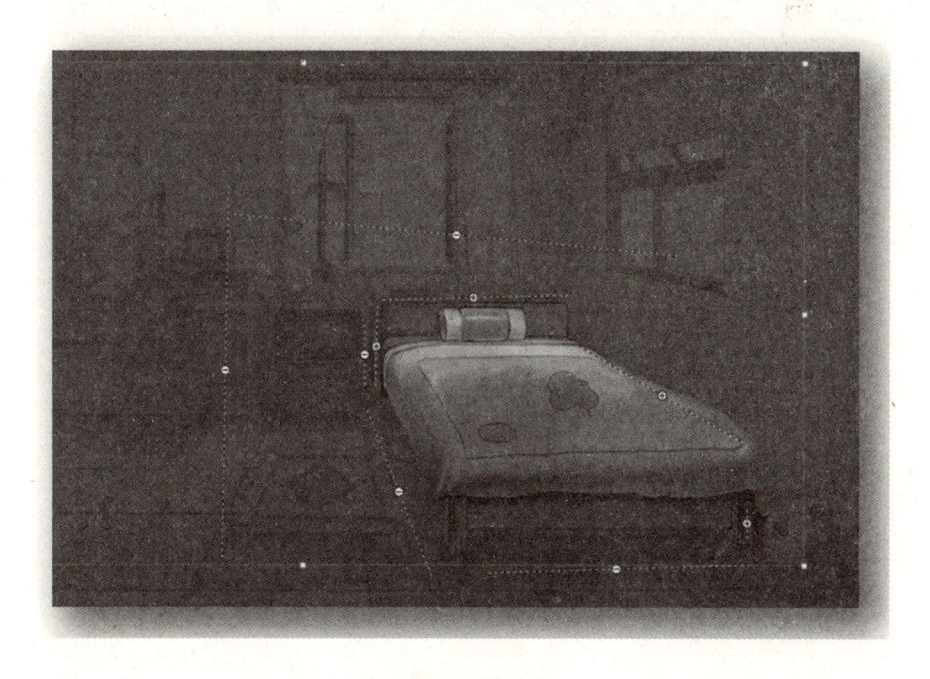

标记要删除的区域

· 51 ·

保留更改

3. 排版功能

(1) 水平分布。

具体操作步骤如下：

选中至少两个对象，进入菜单栏【格式】—点击【对齐】—【横向分布】。

效果如下图所示：

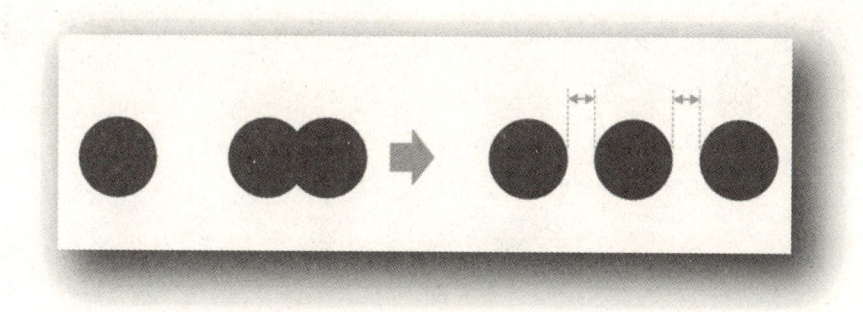

(2) 纵向对齐。

具体操作步骤：

选中至少两个对象，进入菜单栏【格式】—点击【对齐】—【纵向分布】。

效果如下图所示：

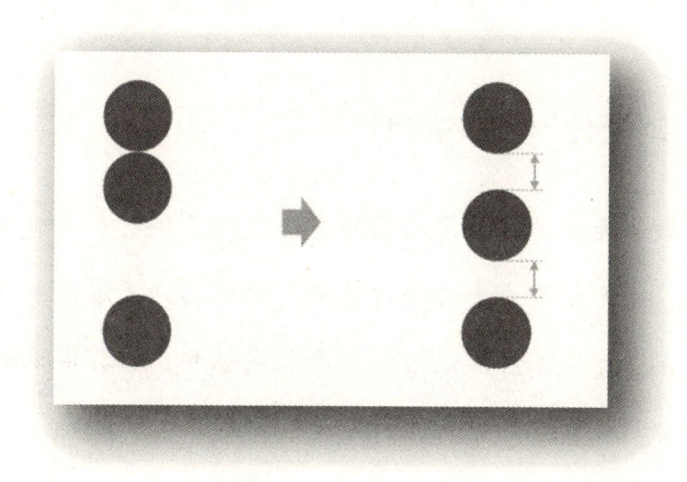

图片对齐功能应用范围很广，不仅针对图片，也可以针对文本框，如下图所示：

五、动画设计，来去自如

动画效果是动画微课区别于静态图片的重要元素。对PPT设置动画效果，可以让静止中的幻灯片更加的生动、活泼，吸引人的眼球，帮助记忆。大家可能认为做动画效果很难，但其实很简单，这里我们也会用最简单的方式给大家进行讲解。

1. 基础操作

具体操作步骤如下：

（1）在幻灯片空白处添加想要的图形、图片或者文本框。

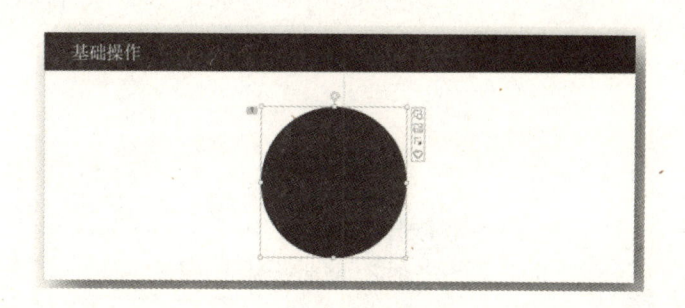

（2）选择添加【动画】选项卡，动画分为进入动画、强调动画、退出动画、动作路径动画。如选项中的动画效果不能满足要求时，也可以打开【更多进入效果】、【更多强调效果】、【更多退出效果】、【其他动作路径】选项进行选择。

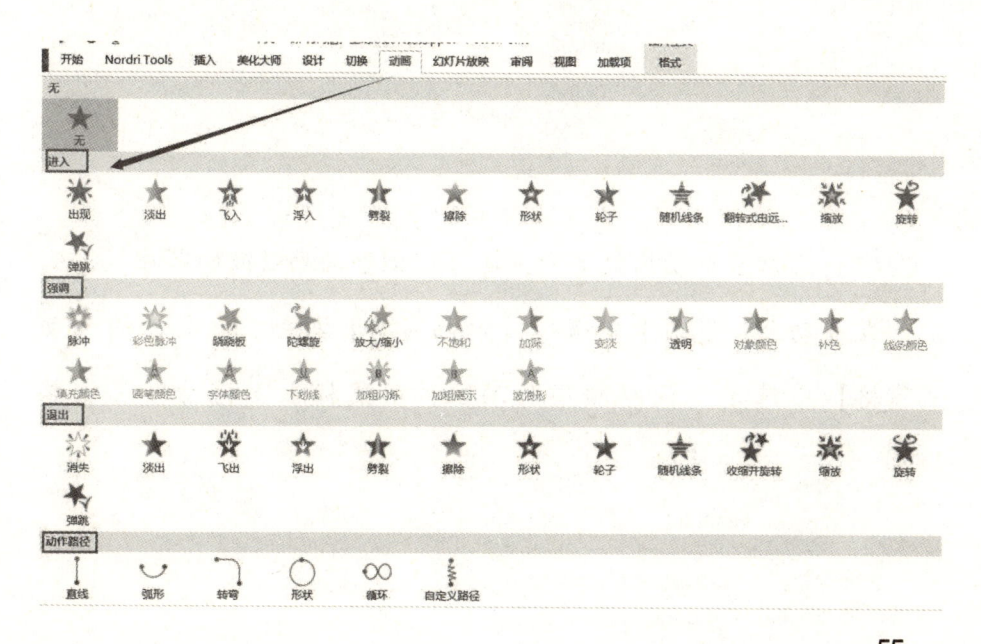

（3）选择所需动画。

（4）可以通过【效果选项】按钮，从下拉列表中选择动画的运动方向。

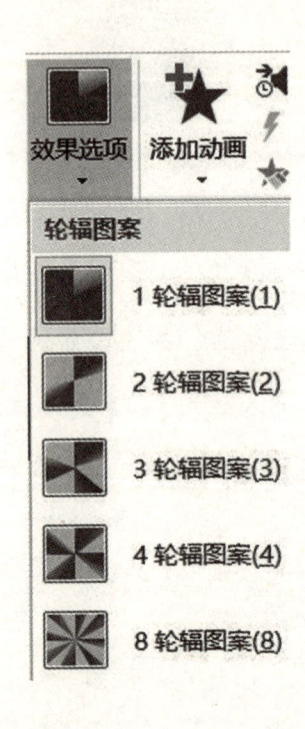

（5）添加多个动画效果后，还可以调整动画效果的顺序。

在【动画】选项卡中选择【动画窗格】按钮，在打开的【动画窗格】中选定要调整顺序的动画，用鼠标上下拖动即可调整顺序。

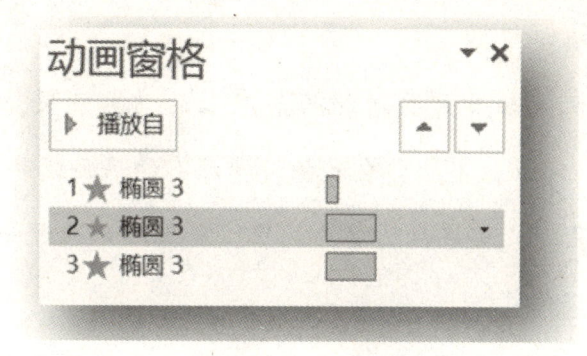

2. 常用动画

在微课制作过程中，常用的动画操作有以下几种：淡入淡出、放大缩小、路径、陀螺旋等。下面重点给大家介绍几种常用的动画效果。

（1）淡入淡出。这个是PPT动画中用得比较多的动画效果。

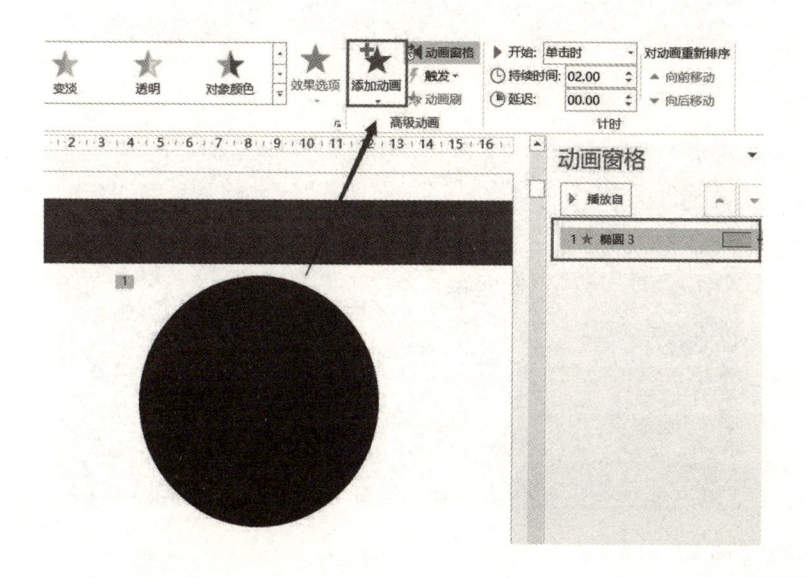

注意事项：

同一个元素如果需要增加两个以上的动画效果，一定要点击【添加动画】增加，不然会自动替换掉原有的动画效果。

淡入淡出是比较基础的动画效果，我们可以通过一个练习，了解一下具体操作。

练习：如何让画面上的素材由模糊渐渐变得清晰呢？

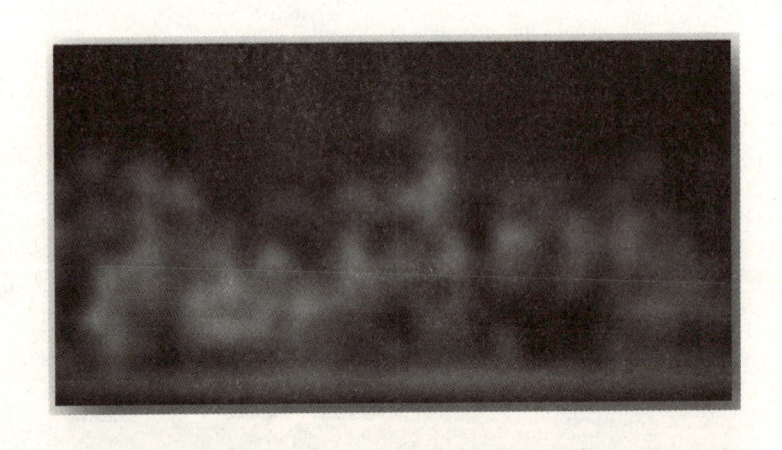

资料来源：前瞻产业研究院。

具体操作步骤：

①插入一张图片。

②复制一张图片，选择【格式】—【模糊】—【调整模糊度】。

③将模糊的放在上面淡出消失（或者将清晰的放在上面淡出进入）。

④将时间调得长一点（为了保证过渡时的效果）。

(2) 陀螺旋。这个属于强调动画，用陀螺旋可以做出很多的效果。

注意事项：

可以在【效果】选项里调节陀螺旋的相关参数，如方向、角度、大小等，这里要注意的是，输入自定义数值时，一定要按Enter键确认，才能更改。可选择的效果有如下四种：

①平滑开始：开始时变慢；

②平滑结束：结束时变慢；

③弹跳结束：结束时有弹跳的效果；

④自动翻转：可以自动还原回初始效果。

（3）如何改变动画的中心。很多动画效果都是以图形的中心为圆点开始运动的，如缩放、轮子、放大缩小、陀螺旋、跷跷板、形状等。

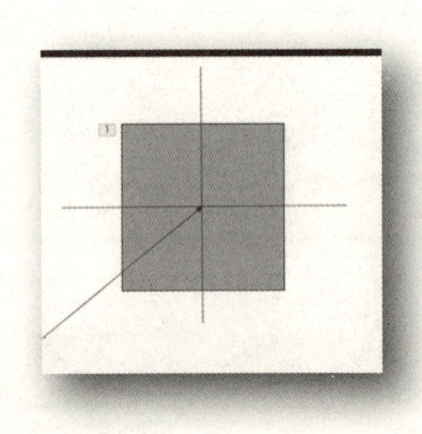

以图形中心为原点

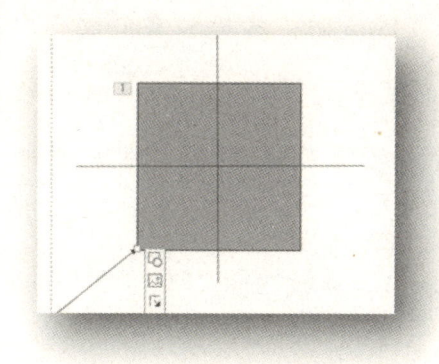

以箭头指定的位置为中心

上面第一个图的运动圆点在图形的中心,如何转变为以第二个图当中箭头指定的位置为中心呢?

具体操作步骤:

①以箭头指定的位置(即想要的那个中心)为中心画一个正圆,正圆覆盖正方形,如下图所示:

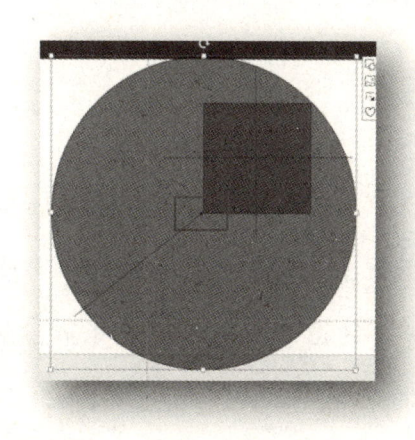

· 61 ·

②将圆的颜色调成透明，然后和需要改变中心的形状进行组合，就达到了想要的效果。

这种隐形图形辅助改变动画中心的方法非常实用，且比较常见。

温馨提示：如何画一个正圆呢？

Shift+圆形=正圆

Shift+Ctrl+圆形=以固定位置为圆心的正圆形

练习：蜡烛。

具体操作步骤：

①先画火焰，添加两个三角形，编辑顶点，让三角形的边缘变成圆弧的形状，调整颜色，再添加红色柱形等其他元素。

温馨提示：大部分的图形都可以通过矩形、圆形、三角形加编辑顶点和合并形状来实现。

②完成火焰跳动的动画，首先要改变火焰动画的中心，火焰跳动的中心位置在火焰的下端，如下图所示：

步骤一：调整动画中心（以箭头位置为中心添加透明圆形，组合即可）；

步骤二：添加放大缩小动画，先垂直缩小70%，平滑结束，自动翻转，重复至幻灯片结束；

步骤三：水平放大120%，自动翻转，重复至幻灯片结束。

（4）路径动画。路径动画是指可以根据特定的、需要的路径来改变动画的移动位置，比较常用，可以代替很多效果，如飞入、跷跷板等都可以用路径动画来实现。

在微课动画制作中，可以用路径动画来做出物体移动的效果。如上图所示，想做出汽车在不停移动的效果，只需要将后面的背景设置成重复的路径动画即可。

这里需要注意的是，背景图片的首尾拼接时尽量做到重合，这样可以形成一个很好的循环。

具体操作步骤：给背景添加路径—重复。

（5）遮罩动画。遮罩动画是指运用遮罩制作而成的动画，遮罩层中的内容可以动，使人产生错觉，实现想要的效果（可以先将遮罩的颜色和透明度修改一下）。

练习1：地球的转动。

具体操作步骤：

①由一张图片和一个遮罩组成（为方便观看调成黄色）。

②将白色遮罩覆盖到地球表层的图片上。

③给地球表层的图片添加路径动画—重复，让遮罩下面的部分运动起来，就如同一个立体的地球在转动。

练习2：闪光灯移动的遮罩做法。

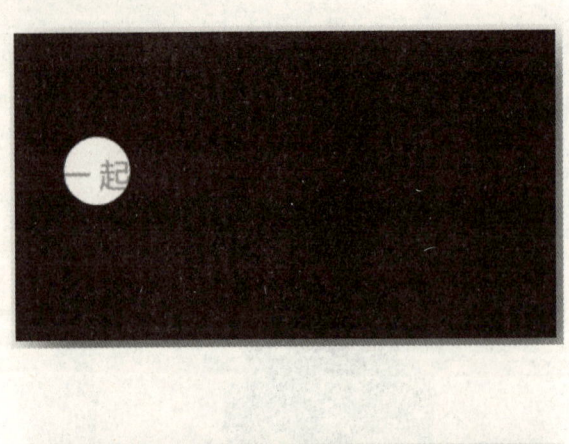

具体操作步骤:

①插入剪切好的遮罩(遮罩大于幻灯片2倍左右);

②遮罩添加路径（从左到右）；

③再添加反转路径（从右到左）；

④放大（动画依次出现）。

(6) 过渡动画。过渡动画就是每个场景之间的过渡形式（注意：把上一页的背景放在本页背景的上一层切换，实现无缝切换），上一页的最终状态是下一页的起始状态。

利用各种图形和动画的进入时差，可以做出很多效果。

具体操作步骤：

①菱形+矩形组合；

②复制组合旋转；

③设置飞入动画从左往右和从右往左；

④复制3~4组；

⑤每组延迟0.2秒左右。

小技巧：如何将图片切成等份的图形。

①插入图片；

②插入长方形形状；

③组合形状（组合插入的长方形）；

④调整形状大小；

⑤为形状填充图片；

⑥复制—选择性粘贴（增强）；

⑦取消组合。

(7) 文本动画。微课制作中，很多的文本信息也将通过动画方式呈现。

练习1：如何做倒计时

具体操作步骤：

①插入数字文本框；

②添加出现动画，【效果】选项中选择【按字母出现】；

③添加消失动画并延迟；

④【缩进】为100。

练习2：如何做简单的人物动作。

具体操作步骤：

①插入文本；

②【艺术字样式】—【文本效果】—【转换】—【正方形】；

③重复以上步骤，分别填充图片（注意插入的图片要求尺寸大小一样，连续动作），不勾选【平铺】；

④按字发送；

⑤消失；

⑥【开始】—【字体】—【字符间距】—【紧缩】，调整文本框大小（出现动画）。

(8) 图表动画。数据的呈现一般常用图表动画的形式展现出来。

练习：折现动画。

具体操作步骤：

①插入折现图标，添加数据；

②调整系列数据文字大小、颜色；

③选择边框无线条，选择背景的网格，透明度58左右；

④选择折现处—【标记】—【内置】；

⑤点击图标选择+，勾选数据标签；

⑥添加阶梯状—【效果】选项—按类别选择（根据类别可以

实现图标中不同元素的动画出现方式）；

⑦添加圆圈—【缩放】或【放大】或【消失】。

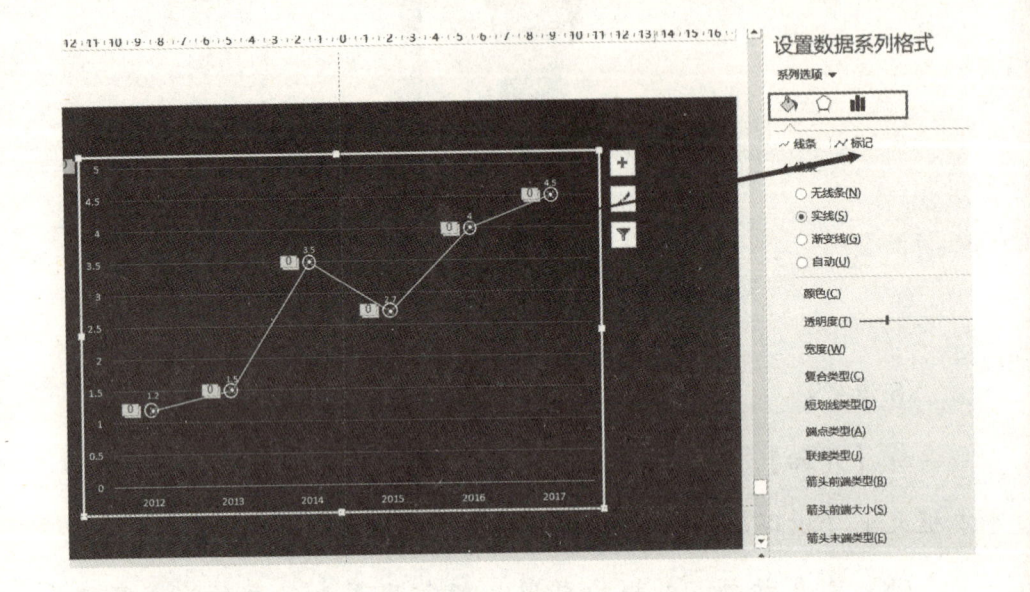

六、制作音频，过去的 CD

在做好课件脚本和动画设计后，需要给微课配背景音乐或者录制音频，可以在后续 PPT 视频录制过程中录制，也可以提前录好（可以用 PPT 自带操作或者其他软件）。在这里我们演示一下配音录制和导入的步骤。

1. 配音录制

微课配音的制作，一般有两种方式：一种是使用专业的软件配音；另一种是在PPT里直接进行人声的录制配音。

专业软件配音。可以用VoiceReader，使用很简单，将文字稿输入到软件中，或直接导入文本，然后选择音色，最后合成文件即可。

配音软件有很多，使用也很便捷、简单。但是与人声配音相比较，软件配音的效果比较生硬、单一、缺乏情感、缺乏语调。

PPT录制配音。具体操作步骤：【插入】—【音频】—【录制音频】—【导出音频】。

·以一当十——PPT微课开发实战·

点击插入

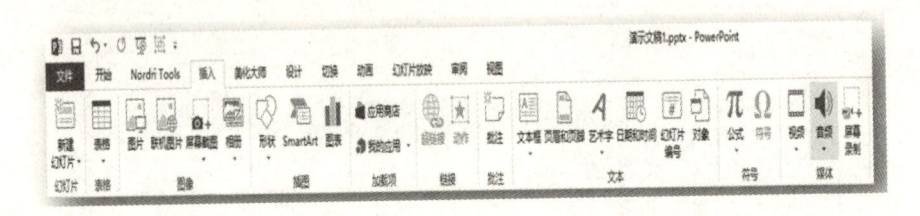

点击音频

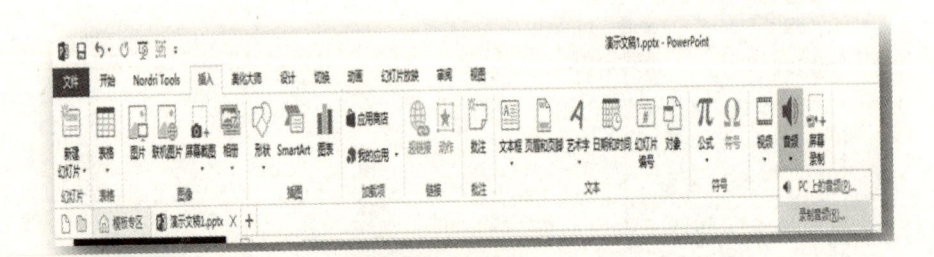

点击选择录制音频

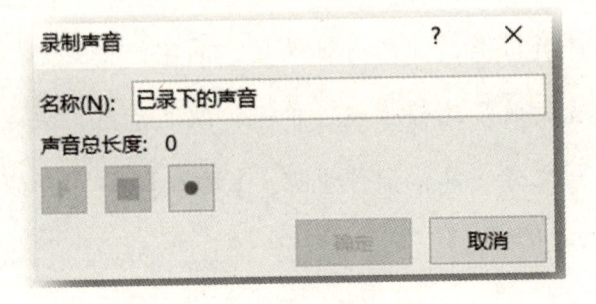

点击选择导出音频

录制完成后，可选中配音图标，然后在播放中，选择调整配音的属性及播放方法。

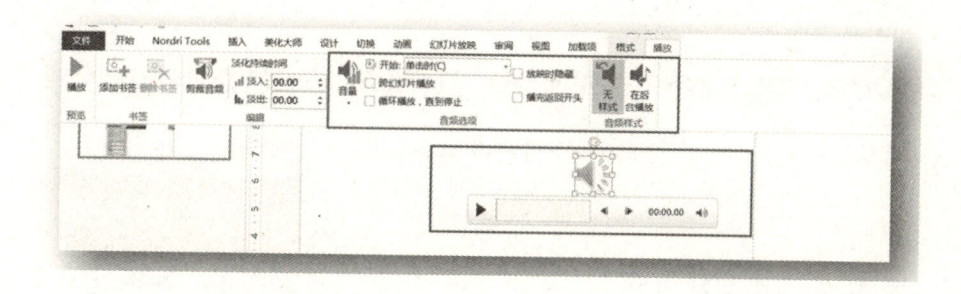

2. 音频导入

具体操作步骤：【插入】—【音频】—【PC上的音频】。

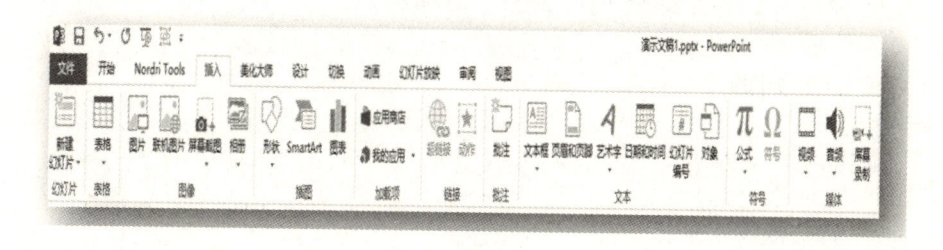

点击插入

点击音频

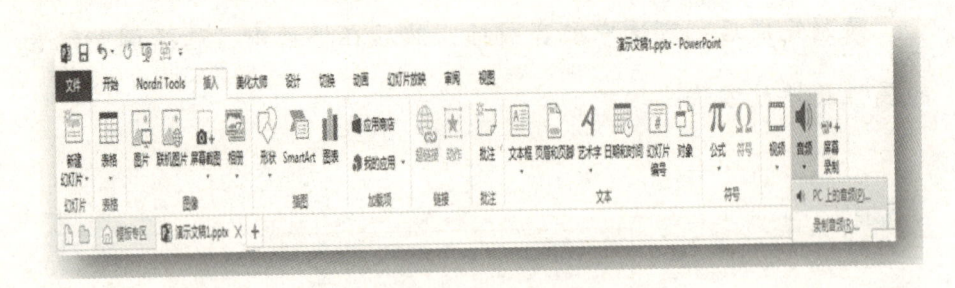

点击选择 PC 上的音频

然后设置音频的效果：点击菜单栏【重点播放】，勾选【放映时隐藏】，然后根据自己 PPT 动画的实际情况来调整【开始】、【是否跨幻灯片播放】等，也可以剪裁相关的音频设置。

选择【播放设置】—【开始】设置为自动，勾选【放映时隐藏】，勾选【跨页播放】，勾选【循环播放】。

3. 时间轴

时间轴是实现配音、音效精确的关键。

具体操作步骤：

在页面中选择音频图标—选择【动画】菜单栏—选择【动画窗格】—设置【开始】为与上一动画同时，然后拖动目标或者调整延迟时间和持续时间。

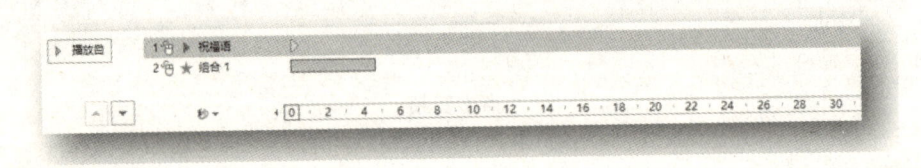

七、视频转换，我的电影

为做好的 PPT 课件添加动画后，就可以将课件转成视频格式。那么具体要怎么操作呢？

具体操作步骤：插入音频—插入背景音乐—调整动画—导出视频。

1. 调整动画

选择【动画】菜单栏 — 选择【动画窗格】—阅读配音稿，找出与配音稿对应的画面元素；选择【添加动画】— 选择进入动画效果（绿色）— 将【开始】设置为：单击时（如果动画比较复杂，可以调整动画出现的时间，使其和语音同步，算好合成的时间；如果动画比较简单，可以选择单击，这样可以省去动画同步的时间）。

注意：同一部分的内容先组合再调整动画。

2. 转成视频

（1）选择【幻灯片放映】菜单栏 —选择【排练计时】—按讲课速度进行幻灯片放映。

（2）选择【文件】菜单栏 — 选择【导出】—选择视频大小—选择【使用已有的计时和旁白】—点击【创建视频】。

第六章 课程总结

微课的课程总结是其点睛之处，也是受众的记忆点。

微课总结方式多种多样，可以灵活运用，常见样式有如下六种。

一、回顾重点，画龙点睛

将课程内容梳理出来，总结一下前面所讲的内容，强调学习重点和难点，补充一下重要的但是前面没有涉及的内容，或进行适当升华，将所讲内容前后连接成一个整体。

例如：自主研发课程《遵义会议的重要意义》微课的课程总结。

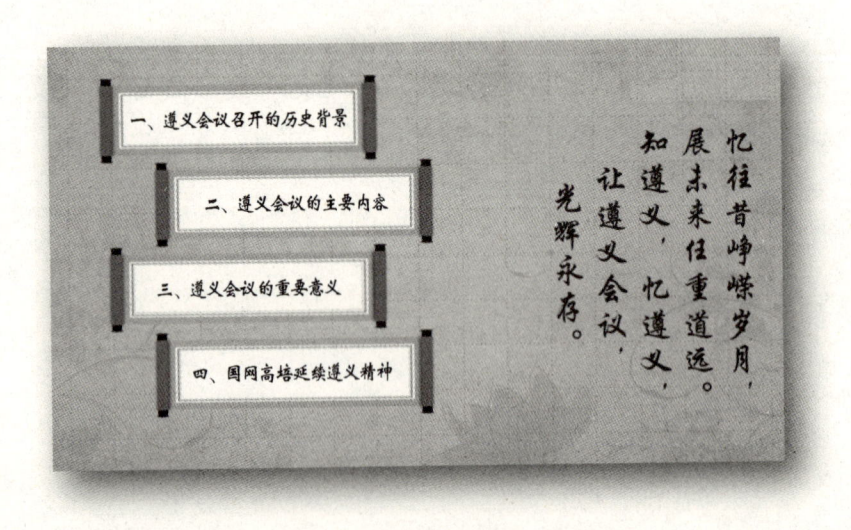

注意：回顾重点式的总结法，重要特征是"总结+提炼"，重在"提炼"，否则无法提升高度，显得平淡。

二、发起号召，我们走！

针对微课主题，向受众发出号召，激励大家去努力实施或践行。

例如：自主研发课程《网络安全法》微课的课程总结。

**构建良好网络秩序
打击网络违法犯罪**

《网络安全法》微课

注意：发起号召式的总结法，重要特征是号召明确和容易掌握，重在针对性强，否则无法形成影响。

三、展望未来，加油干！

针对微课主题，对未来的发展前景、研究方向、成长道路等可能的内容进行展望，从而使受众充满信心，继续努力奋斗。

注意：这种总结方式相对较少出现，一般应用于特殊场景。

四、诗句共勉，靠才华！

引用某些权威语言、著名诗句或自我总结语句、诗词来收尾，加强学员的印象。

例如：自主研发课程《天赋特质与管理风格》微课的课程总结。

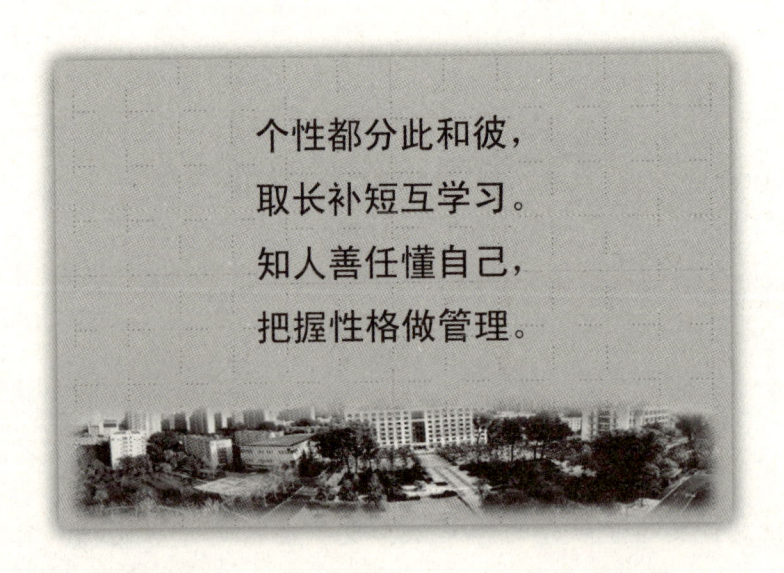

> 个性都分此和彼，
> 取长补短互学习。
> 知人善任懂自己，
> 把握性格做管理。

注意：诗句共勉式的总结法，重要特征是诗句紧扣主题、朗朗上口，让受众记忆深刻。

五、祝福祝愿，一起"比心"

一般是在微课结尾，针对特定受众，送出祝福祝愿，营造圆满的气氛，完美收尾。

例如：自主研发课程《培训方案设计介绍》微课的课程总结。

祝大家：学有所获，生活愉快！

注意：祝愿式的总结法，前提是微课整体内容明确，易于接受，不需要总结提炼，并希望针对特定受众送出祝语。

六、后续推荐，敬请期待

在微课即将结束的时候，推荐系列后续学习内容，引起受众的期待，吸引受众学习后续系列微课。

例如：自主研发课程《长征》系列主题微课的课程总结。

课程结束
感谢参与

欢迎学习长征系列主题微课
传承红色基因 彰显长征精神

第三部分　说在最后

第三部分 说在最后

第七章
故事结尾

故事往往都有个结尾，但是也可能是连续剧。

转眼，很快就到了故事的结尾，一般故事的结尾都是王子和公主从此过上了幸福的生活。

我们这个故事其实就是一个用PPT做微课的故事，故事的结尾也很简单，从此，大家按照这个故事的基本结构，就可以开发出具有自己独特烙印的特色PPT微课了。

当然，微课开发还是一个连续剧。

总的来说，一门好的微课应该具备以下几个基本特点：

（1）选题有价值：受众痛点、难点，如客户投诉、操作复杂、规范不清楚等。

（2）过程很轻松：内容一样的情况下，过程轻松，效果就会更好。

（3）能有回头客：好的微课会吸引你再去看第二遍、第三遍，就像《战狼2》一样。

（4）外貌很重要：微课是有内涵的，但是它也是外貌协会的产物。

（5）星火可燎原：好微课可能是火星，但是做得好也是可以燎原的。

第三部分　说在最后

第八章

成功案例

下面展示几门用 PPT 做出来的微课，仅作为大家制作 PPT 微课时的结构形式参考。

一、"两学一做"微课

主题选取

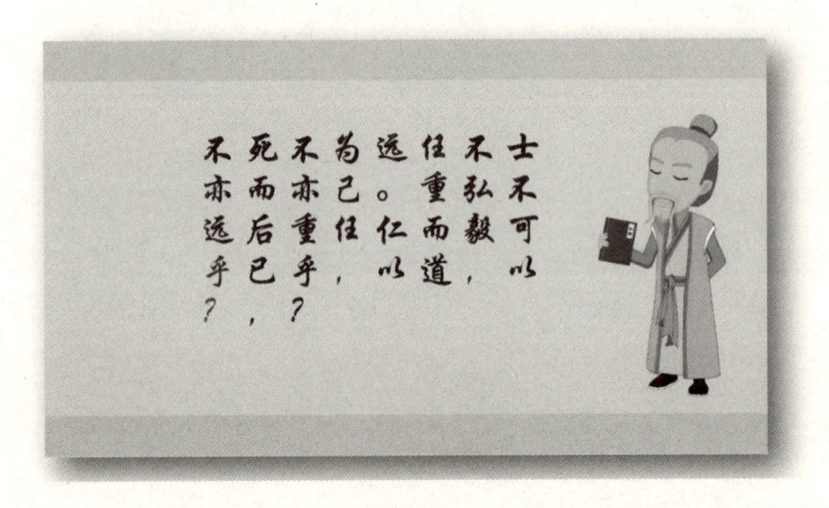

课程导入

• 第三部分　说在最后 •

中间画面

课程总结

二、"方案介绍"微课

主题选取

课程导入

• 第三部分 说在最后 •

中间画面

课程总结

三、"会议服务"微课

主题选取

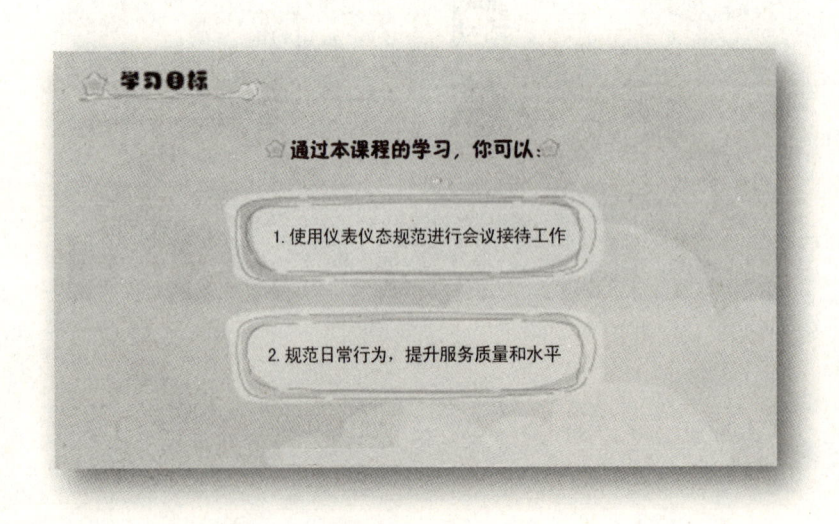

学习目标

• 第三部分　说在最后 •

中间画面

课程总结

四、"长征主题"微课

主题选取

学习目标

• 第三部分　说在最后 •

课程导入

中间画面

· 95 ·

课程总结

后 记

本书写作的初衷就是为了帮助如同开篇故事中提到的刚刚入职就被各种汇报折磨的你，但其实微课作为一种新的信息化手段，已经开始慢慢地渗透到我们生活、工作的各个方面，伴随而来的五花八门、种类繁多、操作复杂的制作软件也许已经让你感觉到做微课太难了，而你有没有发现其实伴随在你身边最常见、最常用的PPT就能帮你做出一门很炫、很吸引人的微课呢？

本书用最清晰的逻辑线路帮助你快速上手设计一门微课，用最简洁、最容易的方式让你很快就可以掌握用PPT做微课的技巧，用最具针对性的案例帮你了解如何做出一门有自己特色的微课。

看完整本书，你是不是感觉到了PPT真的可以"以一当十"呢？是不是忽然发现原来你也可以做出完美的PPT？这就对了，这就是我们这本书想要达到的效果，而读到这里我们相信你已经可以用PPT做出一门漂亮的微课了。那么快点把学到的新技能应用起来吧，去做一次精彩的汇报，让领导对你刮目相看；去做一门属于自己的微课，让周围的人看到你的才华；去做一门记忆自己美好时光的微课，让一切的美好从此不再逝去……

我们的团队都是年轻的小伙伴，因为年轻，所以我们了解你最想要的是什么；因为年轻，所以我们充满无限的创意和动力；因为年轻，所以我们对未来的你我都充满期待。我们期待你的作品、你的成功，我们也希望大家能给我们鼓励和支持，让我们一起加油！

编写组

2017 年 8 月三伏天